HELOISA HERNANDEZ DO NASCIMENTO

Minha gatinha e eu!
CONTE SUAS HISTÓRIAS COM O SEU PET

moah!

TEXTO, EDIÇÃO E PROJETO GRÁFICO: Heloisa Hernandez do Nascimento

ILUSTRAÇÕES: Art Pavo (capa e contracapa, p.9: gato e aquarela, p.13, p.15, p.20, p.21: piso e grama, p.26: janela, vaso e gato, p. 27, p.28, p.30, p.36, p.39: poltrona, p.40); Elena Sedova (p.35: pai e filho); Isabelle Salem (p.5: pegada de gato, p.37: ícones de Londres); Lisa Glanz (p.6, p.9: pássaro, p.26: casas e árvores); OctopusArtis (p.42-p.45; todas as flores que enfeitam as gatas, exceto p.12 e gata à direita da p. 19 e da p.39), Ondra Kalinichenko (p.5 e p.24: paisagem de fundo, p.9: árvore, p. 14, p. 16, p.26: gato marrom, p.34); Paulaparaula (p.22, p.23, p.24: prancheta); ViktoriArt (p.11, p.19); Watercolor Dreams (p. 7, 8, 17, 18, 31, 32); Zephyr Cliparts (p.5: crianças e gatos, p.10, p.11, p.21: gato, p.25: criança e gato, p.29, p.33, p.35 e 37: gato, p.38: criança e gato, p.39: gato cinza, p.41, p.45: gato).

© Heloisa Hernandez do Nascimento, 2022

Dados Internacionais de Catalogação na Publicação (CIP)
(Câmara Brasileira do Livro, SP, Brasil)

Nascimento, Heloisa Hernandez do

Minha gatinha e eu! : conte suas histórias com o seu pet / Heloisa Hernandez do Nascimento. --1. ed. -- São Paulo, SP : Moah! Editora, 2023. -- (Coleção pets)

ISBN 978-65-980204-3-9

1. Animais de estimação 2. Gatos - Biografia 3. Diários 4. Tutores I. Título II. Série.

22-155059   CDD-636.8092

Índices para catálogo sistemático:
1. Gatos : Animais de estimação : Biografia   636.8092
Tábata Alves da Silva - Bibliotecária - CRB-8/9253

Proibida a reprodução sem autorização expressa.
Todos os direitos desta edição reservados à Heloisa Hernandez do Nascimento | Moah! Editora
www.moaheditora.com.br | @moaheditora

Minha gatinha e eu!
CONTE SUAS HISTÓRIAS COM O SEU PET

2024

ESTE LIVRO CONTA MINHAS HISTÓRIAS COM _____, DESDE QUANDO ELA PASSOU A FAZER PARTE DA MINHA VIDA.

Perfil

COLE AQUI A FOTO
DO SEU PET

MEU NOME É _____

NASCI NO DIA _____, COM _____ KG E _____ CM.

CHEGUEI EM CASA NO DIA _____.

O QUE DIZEM DE MIM: _____

_____

_____

Como tudo começou

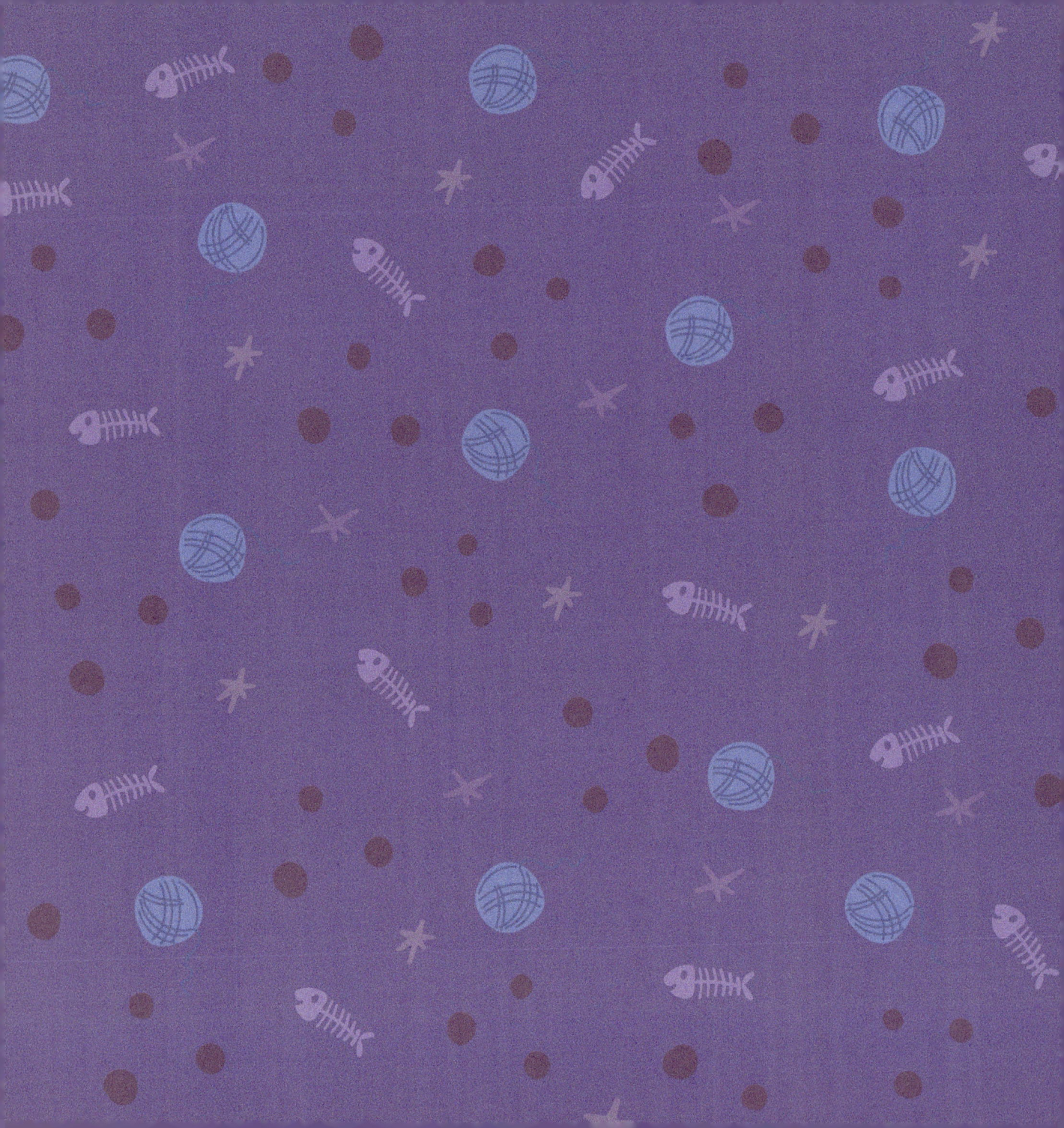

Quando você viu a sua gatinha pela primeira vez? Como foi esse dia? Quem estava com você?

O que te chamou a atenção nela?

Você ficou com ela assim que a viu?

Por que escolheu ficar com ela?
Alguém te ajudou nessa decisão?

Você já tinha vontade de ter um pet?

Sua família aprovava a ideia?

Como você escolheu o nome dela?

Ela tem algum apelido?

Cole as primeiras fotos da sua gatinha e conte como foi esse período que marcou a sua chegada (peça também para outras pessoas comentarem as fotos e acrescentarem lembranças)

Os primeiros dias

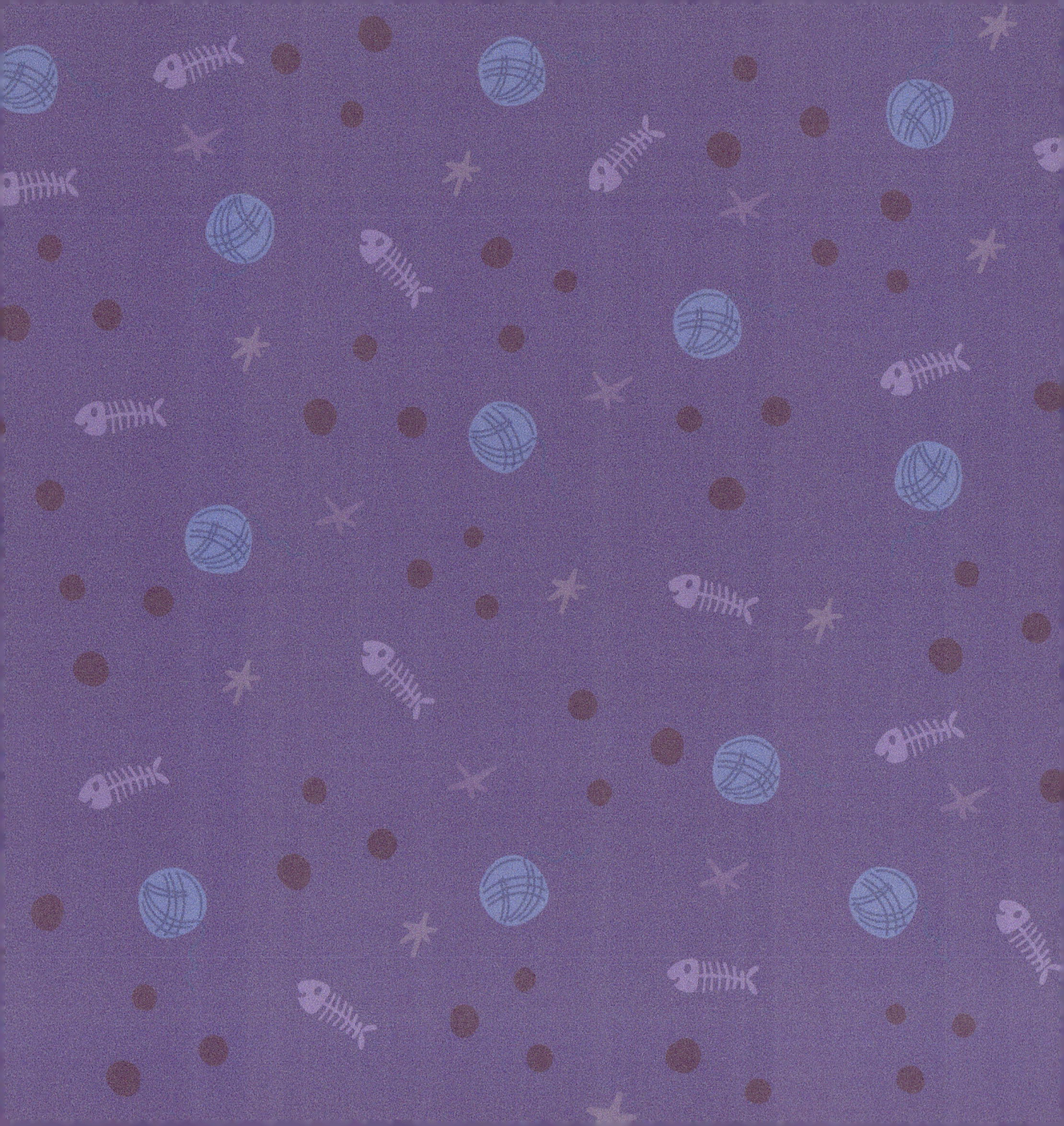

Quando chegou em casa, ela adorou:

_____
_____
_____
_____
_____

... mas estranhou:

_____
_____
_____
_____
_____

Quem já morava lá quando ela chegou?

Você teve de fazer alguma modificação na casa ou mudar a sua rotina depois da chegada dela?

Ela se adaptou bem? Como foram esses primeiros dias?

Foi tranquilo dar o primeiro banho?

Alguém te deu dicas sobre como cuidar dela?

Qual a ração preferida dela? Alguma peculiaridade?

Aonde você a levou para tomar vacinas?

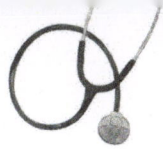

Como foi a primeira ida ao veterinário? Quem a levou?

Ela tem alguma questão de saúde mais preocupante?

Acompanhamento

DATA	PESO	TAMANHO		DATA	VACINA

Quem cuidava da comida? Quem passeava com ela?

....
....
....
....
....

Ela costuma ser amigável com as pessoas?

....
....
....
....
....

Seus vizinhos se deram bem com ela?

Do que você se lembra de mais especial desses dias?

Cole aqui algumas fotos desses primeiros dias da sua gatinha na sua casa.

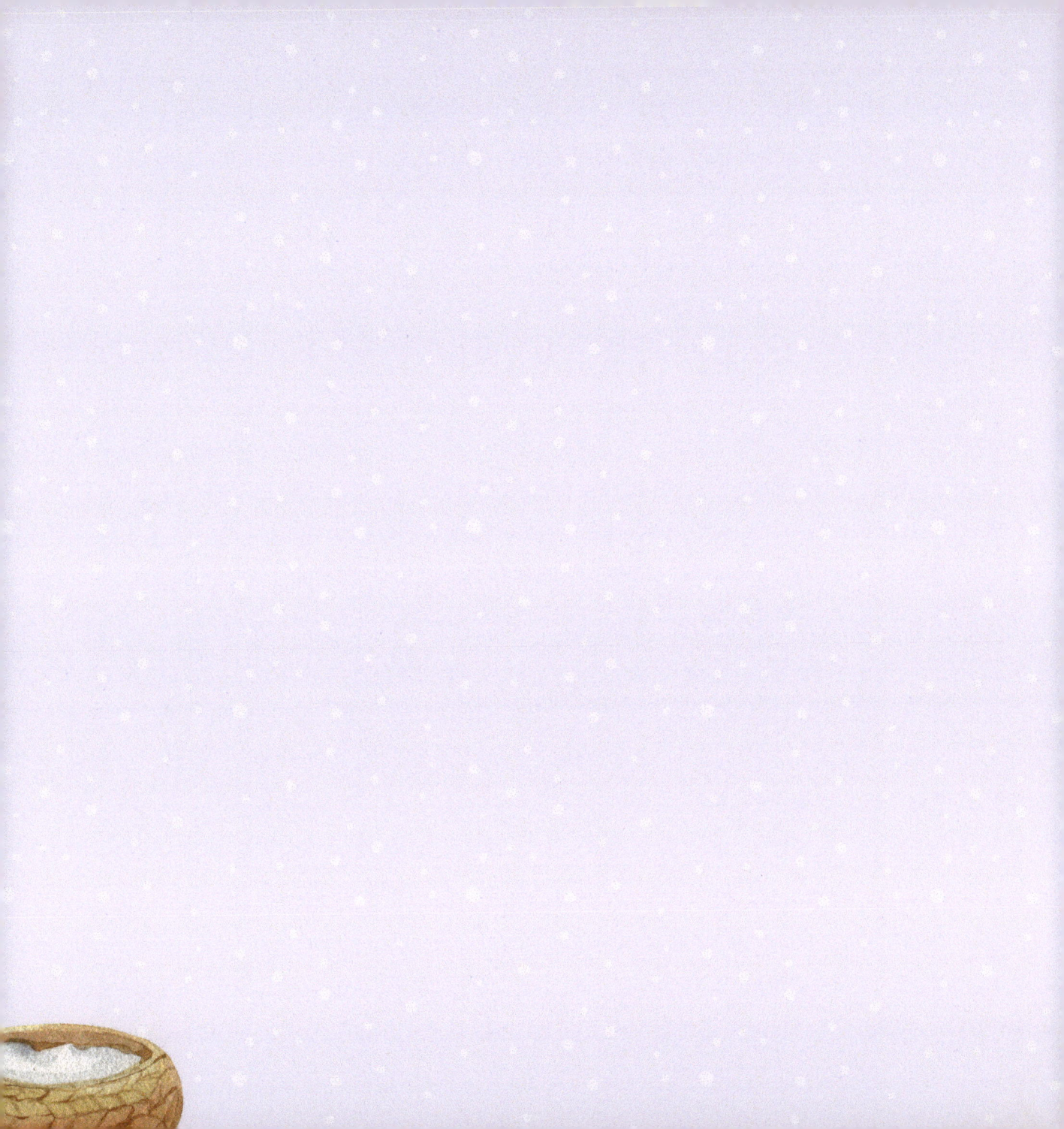

E ela cresceu!

Com o tempo, você percebe que ela é mais brincalhona ou mais quietinha?

Quais são os passatempos preferidos dela?

Que histórias engraçadas aconteceram com ela? O que a sua gatinha já aprontou de mais surpreendente?

Quais foram as principais dificuldades que vocês enfrentaram juntos?

Que diferenças você nota na sua vida após a chegada dela?

Ela tem ciúmes de você ou de alguém próximo?

Vocês já viajaram juntos?

Qual foi a maior aventura que viveram?

Ela é bem saudável ou às vezes adoece?

Quando ela ficou doente pela primeira vez, como você percebeu que algo estava errado? O que ela tinha? Quem cuidou dela?

Ela é mais apegada a algum amigo ou familiar seu? Tem alguém com quem ela não se dê muito bem?

Você já teve medo de perdê-la? Como foi?

Como você descreveria a sua gatinha?

Conte algumas curiosidades sobre ela.

Você se lembra de momentos importantes da sua vida que ela acompanhou de perto?

Post it! Este é o seu espaço de anotações! Junte fotos, histórias suas, de amigos e de familiares sobre a sua gatinha, faça uma festa para ela!

Sobre este livro

Minha gatinha e eu! faz parte da coleção Pets, que reúne publicações para os tutores de doguinhas e doguinhos, gatinhas e gatinhos que têm muitas histórias para contar. Cada livro traz perguntas para que pouco a pouco o leitor possa relembrar as memórias mais importantes com o seu pet e o dia a dia com ele, além de dispor espaço para anotações pessoais, fotos e desenhos, ilustrando quão especial é o seu bichinho de estimação.

Sobre a autora

HELOISA HERNANDEZ DO NASCIMENTO é editora formada pela Universidade de São Paulo (USP) e designer, especializada em artes visuais pela Elisava e Universitat Autónoma de Barcelona (UAB). Atuando há mais de quinze anos no mercado editorial, em 2020 desenvolveu o projeto Livros Biográficos, contando a história de vida das pessoas sob diferentes formatos visuais e de narrativa, tendo como objetivos principais o resgate de memória, o fortalecimento das relações de afeto e a celebração da vida.

A coleção Pets é dedicada a todos que têm seus animais de estimação como parte da família e viveram momentos inesquecíveis com eles.